Huviretki

HUVIRETKI

Timo-Tapani Kunttu

© 2021 Timo-Tapani Kunttu
Kustantaja: BoD – Books on Demand, Helsinki, Suomi
Valmistaja: BoD – Books on Demand, Norderstedt, Saksa

ISBN: 978-952-80-4337-9

Maailmanlopun tauottua

kokoonnuimme Iowaan

tarkastelemaan

kalentereitamme

Kaikki oli
kuin ennen

Näiltä lakeuksilta
puuttui näköaloja

1

Puuttui
linjakasta kasvua

          ei pikkukiviä

strateginen kumppani

          ja pikkukiviä

ketterä toimintamalli

          pikkukivistä omenoita

säteilevä hymy

          omenoista hilloa

Uupui
puhallettava puu

                ilmaa sisään
                ilmaa ulos

taiteltava
taivaanpylväs

                kuten Yes!
                on kyllä

kuten
haluatte

                kuten ei
                kuolon vaaraa

kuten
ikuisesti
hengissä

                kuten loputtomasti
                hengästyä

Velvollisuus

tarjota

kuten
oikeutemme olla

mahdollisuuteni
kadota

ylivoimaisia

näkymiä

näkymiä
nollapisteestä

nollapisteestä
seuraavaan

yltyvässä tyvenessä
vääristä syistä
viheltävää luuta

tulet palavat
väärillä kallioilla
tarina nousee

aika kypsää

Ja kuten nähdään

aika väsynyttä

pilvi punainen
puutarhan yllä
tarina nousee

kiristettyä ihoa jo
rummuttaa tarkasti
suunnattu sadekausi

2

                                        Näiden raja-arvojen
                                        puitteissa eikö olla
                                        vai ollako oikeesti

                tositarkoituksella
                seurauksia

masinoida

                koska olla

koneistaa

                koska olla

                                        melkein
käynnistää

                koska olla

                                        melkein kuin
käynnistyä

                koska olla

                                        melkein kuin
                                        jotain itsestään

Siis surutta käykäät

surutta

            lakkaamatta

                        odottamatta

kitkatta

kulumaton aikanne

            aikamme
            ajamme

                        aikani avanne

            tajuttomasta
            tajuttomaan

                        nälästä nälkään

            aikamme
            ajajamme

                        surutta kun iloisin

            kiihdytystä
            joka kaistalla

Pysähtymättä yli
jokaisen rajani

nopeasti
liian hitaasti

halki poikki

unettoman

yönne

sillä silmällä
tekokuu vinkkaa

Luomistyö kesken
tomumajani

satelliittien

asettuessa linjaan

        tähtösiä täynnä
        korpimaista viimeinen

                yli kaiken alituiseen
                kuolema on kuollut
                ylösnoussut kytkin

        ja ylistystä helkkyvät
        miljoonat torvet
        kaupungissa enkelten

peilityyni huomenna
eilen on peilityyni
huomenna nytkin

Ei aikaa

Ei energiaa

Ei hälytystä

ei nostetta

ei tutkavastetta

ei tilaa

ei mitään ei
meiltä puutu

1

Kuten salama iskee

maasta korkeampaa

elämää

kaikki on
siedettävää

valintoja
valintoja
lihajalosteita

liian oikeassa
asennossa

vähän välissä

laakamadon

ja jumalan

liikaa matolla veren
punaisella juurella
pyhän pillerin

liian vähän liikaa

Kaikkien patojen

on murruttava

kaikesta kaikeksi
kaikkeen

illan yöstä
yöksi aamuun
aamuksi iltaan
murruttava

ettei koskaan enää
liikaa liian vähän

"Tehkää oikein"

Tehkää hyvin!

Olipa kerran pyyntöjä

kohtuuttomia

kelvottomia

tehosteita

        pantoja ilman
        kauloja rautoja
        ilman käsiä

                räpyttelyn väsyttämä
                parvi seuraamassa
                puuta metsänpeittoon

        ruhoja ilman
        käsiä vartaita
        ilman aplodeja

"Älkää lopettako"

                Oikeus katsoa pois

Suoritetaan

seremoniallinen

suunavaus

ennen kaikkea
valokopiointia
ruma apina

suoristaa selkänsä
tähtää kankaalle

tajuttoman nälkäisenä
kuudennessa peilissä
kulisseista itään

yhteiskummallinen
murhamysteeri

tähtää
maailmanympäri
itseensä

Se elää

se hengittää!

Se pasteeraa!

Olinko se minä?

Se on kuuma

                Se on viileä

silmässä   korvassa   Se on valmis

korvassa   suolessa

                kädessä

se on kuuma   se on viileä   se on valmis

                suolessa

se on valmis   viemärissä

                se voisit olla sinä

Niin on teille kuvattu

loputtomasti aikaa

hölmistyä

        tiettyjä ohikulkijoita

        vieraassa maassa

sitä kaikkea

kimmoisaa

karvatonta

suussa

sulavaa

        pumpata kohota

        estoitta lakata

        syömästä

                kaikkea tätä

                sallittua

Nyt astuu taivaaseen

mutta hengitys
paljastaa petoksen

2

*"Woke up
this morning with
my mind stayed
on drive-thru..."*

.

unia hymyttömästä
lähtöselvityksestä

"And I'm Like
Well Hello
There! So
How Do You
Like Me,
Baby?"

viilenevästä trendistä
madaltuvista koroista

"*Over there!*"
"*Over there!*"
"*Over there!*"

ynnä muita päivityksiä
kylmiltä faktoilta

"Over here!"
"Over here!"
"Over here!"

Nyt pysähtyy
Nyt hajoaa

siivilöityy pikseleiksi
tauko turhassa tiedossa

Nyt suljen kaikki ikkunat

1

Viime viikolla unessa
kerrottiin sirkuksesta
ilman paitaa ovella
ja katsoisinko näytöksen
loppuun käyttäisinkö
voimaa aterimiin

"...piss poor

to begin with

and quite rightly

so."

mutta ulkona vilisee
tämä aurinko
punainen kuin rumpu
ynnä muut liian kaukana
vastatakseen

" ...didn't even have

the good sense to

buy himself a fair

trial."

Nyt joutomaalla leviää
huhu sopimusten
raukeamisesta
kesken poseerauksen
ja kuinka se voi saada
erittäin ikäviä piirteitä
lasten kannalta

"No more

Thursdays

for Pat."

*Niin että
mitähän ilmaista
seuraavaksi*

3

People are looking

at your profile

.

minne
kuvittelet
meneväsi

*"people are looking
at your profile"*

jokainen päivä
joka ikinen päivä
hiukan
hiukemmin

puutarhasta
tuulikaappiin
tuulikaapista

Halusit

tai et

aulaan
aulasta
hissiin

halusin

ja en

kahvin tippuessa

johdonmukaisesti
uskottavasti

isäntäväen

hyväntahtoisuus

on uskottavaa

on johdonmukaista

uskottavasti
johdonmukaisesti

kahvin tippuessa

Ikuisuus

odottaa

Oi vallattomien

sormien ilo!

Pakettia riekaleiksi
Isoa kättä
Täydellistä vapautta

Oi menestyksen

riehakas tuoksu!

Ikuisuus

odottaa

Prosessin edetessä
asianmukaisesti
toimeenpanovaiheeseen
voitiin havaita selkeästi
raja-arvojen puitteissa
kaksi ikään kuin
rukoukseen ojentunutta
käsiparia

"..aand cut!"

3

Ikään kuin jotain
olennaista
olisi kadonnut
leikkausöydälle

joten

kahvi tippuu

kuten

lapset on surmattava

harmaita hiutaleita
hiljalleen

rasvaisia läikkiä
kaapuihin

koska olet
sen arvoinen

Saako olla kahvia?

Esteetön näkymä?

Hissi ohi
ylimmän
kerroksen?

"Do it!"

"Do it!"

"Do it!"

ooby dooby
doo-wop-a-doit

Just Do It

Nyt kirjanpitäjä
avaa tulen

Nyt kirjanpitäjä
avaa tulen

Nyt kirjanpitäjä
avaa tulen

The Money Shot!